EMANUELE M. BARBONI DALLA COSTA

LO SCIMPANZÉ TERRORIZZATO

Principi Guida di Alfabetizzazione Emozionale

Contents

L'autore   v

1 Introduzione   1

2 Uno "scimpanzé terrorizzato"   3

3 Le emozioni primarie   5

   La Rabbia   5

   La Paura   6

   Tristezza e Gioia   7

   Sorpresa, Disprezzo e Disgusto   8

4 Riconoscere le emozioni   9

5 Le emozioni secondarie   12

   L'Allegria e l'Invidia   13

   La Vergogna   14

   L'Ansia   15

   La Rassegnazione   17

   La Gelosia   18

   La Speranza   19

   Il Perdono   20

   L'Offesa   20

   La Nostalgia   22

   Il Rimorso   22

   La Delusione   23

6 Dove sentiamo le nostre emozioni?   25

7 Verso l'auto-realizzazione   34

8 Conclusioni   39

Approfondimenti e Risorse   42

   Percorsi di Formazione e Coaching   42

Alcune Recensioni dei Miei Percorsi Formativi   42

Risorse   47

Bonus   49

L'autore

Mi chiamo Emanuele Barboni Dalla Costa (Milano, 1981) e sono un formatore professionista di Comunicazione Efficace ed Emozionale, Storytelling e Scrittura Creativa.

Vivo a Milano in compagnia di una gattina persiana davvero adorabile: Cleopatra. Il mio obiettivo è quello di aiutare clienti e studenti a trasformare il modo in cui comunicano nel mondo.

Dal 2009 tengo regolarmente corsi in aula e online dedicati alla comunicazione efficace, alla scrittura creativa e allo storytelling.

Eccomi in aula con i miei studenti

Concentrarsi sulla comunicazione per me significa migliorare il dialogo che abbiamo con noi stessi e con gli altri.

Nella mia carriera ho aiutato più di 1.000 studenti in aula e oltre 5.000 online (grazie ai miei video corsi) a comunicare meglio nel business, nelle relazioni e nel dialogo con il mondo.

Puoi ottenere ulteriori informazioni su https://www.emozionare.net e nell'ultimo capitolo di questo libro (dove troverai anche una piccola sorpresa a te riservata).

Ti auguro una buona lettura!

Emanuele

1

Introduzione

Scopo di questo libro è far *conoscere* e *riconoscere* le emozioni primarie e le emozioni secondarie, con l'obiettivo di ottenere una migliore conoscenza di noi stessi e, di conseguenza, migliorare anche la tua comunicazione emozionale.

Mi presento: sono Emanuele, un formatore nel settore della comunicazione emozionale, storytelling relazionale e creatività. Sono dietro la cattedra dal 2009 e dal 2001 mi occupo di comunicazione tout-court, comunicazione digitale, emozionale e tutte le altre varianti del complesso comunicativo. Nella fattispecie, mi sono specializzato in comunicazione emozionale, che significa andare a suscitare emozioni nell'altro per poi a nostra volta ricevere emozioni.

Sappiamo molto bene che nel momento in cui andiamo a migliorare la nostra comunicazione e andiamo a perfezionarla, otterremo relazioni migliori e nel momento in cui migliorano le relazioni, migliorano anche tanti aspetti della nostra vita. Dunque, avere un occhio di riguardo nei confronti della comunicazione può andare a significare un miglioramento completo del proprio quotidiano e della qualità della propria vita.

2

Uno "scimpanzé terrorizzato"

Le emozioni primarie (di base) sono sette e sono quelle emozioni che sono riscontrabili in qualsiasi popolazione.

Sono delle emozioni universali.

Ma da dove derivano le nostre emozioni?

Entriamo nell'ottica di pensare che noi siamo degli "scimpanzé evoluti" e non possiamo prescindere dal ragionare sul contesto in cui questo primato si sia andato a trovare.

Una situazione di pericolo in cui l'obiettivo era sopravvivere.

Questo può parzialmente spiegare il concetto secondo il quale le emozioni di tristezza, paura o comunque negative siano presenti in numero superiore rispetto a quelle positive, come gioia e sorpresa.

> Il nostro DNA è predisposto più per le emozioni primarie negative che per quelle positive e possiamo ragionare sul fatto che comunicare sia un qualcosa di molto difficile.

Siamo infatti programmati per la diffidenza, soprattutto nei primi istanti, minuti o giorni.

Comunicando dobbiamo andare a sfondare quello che è un muro di *diffidenza*, perché naturalmente siamo predisposti a tutelare la nostra vita, come gli scimpanzé citati pocanzi.

Chiaramente, la società ha placato i nostri istinti primari, ma in una parte di noi c'è ancora quello "scimpanzé terrorizzato", diffidente e propenso alla difesa del proprio territorio.

3

Le emozioni primarie

La Rabbia

Al primo posto di questa lista di emozioni mettiamo la *rabbia*.

Questa è un'emozione generata dalla frustrazione e si manifesta attraverso l'aggressività, che è una caratteristica che ci contraddistingue come esseri umani.

> In potenza siamo esseri aggressivi perché deriviamo da un contesto di pericolo e diffidenza.

Quando proviamo rabbia, il nostro corpo si irrigidisce e tende a sfogare questo sentimento interiore attraverso atti esteriori. Quando non c'erano regole e non c'era una società né una cultura, ma c'era solo "natura", la rabbia si sfogava molto banalmente con l'omicidio.

Ancora oggi, in alcune popolazioni indigene c'è questo modo di sfogare la rabbia, come d'altronde anche tra gli animali.

Infatti, normalmente in una situazione di pericolo esistono due vie di fuga: *fuggire* o *attaccare*. Nel caso degli esseri umani indossiamo forzatamente il cappello della società, della cultura e della religione che ce lo impedisce.

La rabbia si manifesta in maniera molto esplicita anche dal punto di vista fisico, ad esempio si stringono i pugni e si irrigidisce il collo.

La Paura

Al secondo posto possiamo mettere un'emozione altrettanto importante come quella della *paura*.

La paura ci salva: se noi non avessimo paura e fossimo sconsiderati la nostra specie sarebbe stata fin da subito in pericolo.

La paura è un'emozione dominata dall'istinto che ha come obiettivo la sopravvivenza del soggetto in una situazione pericolosa.

Questo sentimento è un segnale del nostro corpo che serve ad *autotutelare* la sopravvivenza della nostra specie. Si prova paura quando c'è un pericolo, che può essere reale o immaginato (in quest'ultimo caso la paura si trasforma in ansia).

Infatti, l'ansia è una proiezione dettata dalla nostra esperienza precedente di un pericolo in potenza, ossia che *potrebbe* accadere, per cui il nostro corpo si irrigidisce perché si prepara ad un pericolo.

Si può dunque dire che mentre l'ansia è nel futuro, la paura è nel presente, perché noi proviamo paura quando vediamo davanti a noi un pericolo, il quale ci fa attivare istintivamente il nostro senso di sopravvivenza.

Tristezza e Gioia

Al terzo posto abbiamo l'emozione della *tristezza*, la quale è una delle emozioni più legate alla sensibilità e si origina da una perdita o da uno scopo non raggiunto.

All'opposto della tristezza troviamo la *gioia*, che è solo una delle due emozioni positive che proviamo in maniera naturale e istintiva. Quest'ultima è uno stato d'animo di chi ritiene soddisfatti i propri desideri.

Facciamo una distinzione tra sensazione ed emozione. L'emozione è qualcosa che viene da dentro, mentre la sensazione come dice il termine stesso è qualcosa che deriva dai cinque sensi. Spesso i due termini diventano intercambiabili nel linguaggio comune, nonostante l'emozione sia qualcosa di molto più profondo e imperniato nel nostro DNA. Le emozioni generano poi delle sensazioni, che a loro volta possono generare delle emozioni, solitamente di tipo secondario.

Sorpresa, Disprezzo e Disgusto

Al quinto posto troviamo un'altra emozione talvolta positiva, la *sorpresa*. Anch'essa è stata riscontrata in tutte le popolazioni (e negli animali) ed è definita primordiale o universale. Essa si origina da un evento inaspettato e può essere seguita da paura o gioia. La sorpresa può essere anche negativa oltre che positiva.

Al numero sei possiamo elencare un'emozione che personalmente non credevo fosse primaria: il *disprezzo*.

Esso è un sentimento ed atteggiamento di totale mancanza di stima, un rifiuto disdegnato verso persone o cose considerate prive di dignità morale o intellettuale.

Avete mai provato disprezzo per qualcuno o qualcosa? Sicuramente sì. La cosa interessante è che anche questa è un'emozione riscontrabile in qualsiasi popolazione e negli animali.

Settima e ultima emozione primordiale è il *disgusto*. Una risposta di tipo repulsivo caratterizzata da un'espressione facciale specifica. Infatti, quando noi proviamo disgusto per qualcosa andiamo ad esprimerlo fisicamente e in modo molto evidente.

4

Riconoscere le emozioni

Tutte queste emozioni primarie che ho elencato hanno un riscontro di tipo fisico e visibile.

Chiaramente possono essere più o meno mascherate a seconda di quella che è la modalità di approccio emozionale al problema.

Il punto è andare a riconoscere le emozioni primarie per avvicinarsi empaticamente all'altro, ma anche e soprattutto rivederle in noi stessi.

Ad un'azione A corrisponde un output B, dunque dovremmo chiederci *"Io oggi sono triste, quale può essere il trigger, la cosa che ha attivato la mia tristezza?"*.

Infatti, nel momento in cui noi *riconosciamo* la tristezza, possiamo andare a recuperarne il motivo e una volta identificato possiamo rimuoverlo dalla nostra vita, o possiamo andare a lavorare su quella tristezza e *metterla alla prova interrogandola*.

> Questo libro ha un duplice obiettivo. Il primo è quello di farvi riconoscere le emozioni, il secondo è di farvi riflettere sul concetto che "riconoscendo" le emozioni sarete sicuramente in grado di andare a intervenire sulla "causa" di questa emozione, positiva o negativa che sia.

C'è anche un terzo obiettivo, quello di riconoscere le emozioni nell'altro con lo scopo di migliorare *tout-court* la qualità della comunicazione in quanto se noi impariamo a riconoscere le emozioni possiamo agire di conseguenza.

Ad esempio se la nostra ragazza si mostra impaurita e noi ce ne accorgiamo anche se non lo verbalizza, possiamo intervenire rassicurandola.

Le emozioni elencate sono emozioni innate riscontrabili in qualsiasi popolazione. Per questo sono definite primarie, primordiali e universali.

Invece, le emozioni di tipo secondario sono quelle che originano dalla combinazione delle emozioni primarie e che si sviluppano con la crescita dell'individuo e con l'interazione sociale.

Ricordiamoci sempre che noi siamo animali che gradualmente nell'arco dei secoli e dei millenni hanno generato un'interazione che ha dato origine alla società.

Dapprima in piccoli gruppi e poi in gruppi sempre più estesi. Il gruppo primario è la famiglia, nella quale non possono dominare solo le emozioni primarie, perché ci sono delle regole al suo interno.

Questo contraddistingue il passaggio da natura a cultura, per cui da quello che faremmo naturalmente a quello che apprendiamo per stare in società e sopravvivere con gli altri.

A tal proposito, tutta la teoria della Psicanalisi di Freud si basa su un concetto. L'uomo d'istinto deve fare sesso e uccidere, è dominato da *Eros* e *Thanatos*, un impulso sessuale e uno di morte. La società va a frenare questi impulsi e ciò genera la *nevrosi*, cioè un blocco innaturale di queste nostre pulsioni.

Abbiamo detto che le emozioni secondarie hanno origine dalla combinazione di quelle primarie. Spero che questo cappello introduttivo sulle emozioni vi faccia riflettere su ciò che provate, vi faccia cercare le emozioni nell'altro e intervenire sia con voi, identificando il problema che genera l'emozione negativa, che con l'altro, provando ad aiutare il prossimo e cercando di essere il più empatici possibile.

Empatia significa camminare con le scarpe dell'altro e ciò genera una connessione profonda, che può sicuramente migliorare il vostro modo di comunicare e le vostre relazioni.

5

Le emozioni secondarie

Come abbiamo detto, le emozioni di tipo secondario sono più complesse rispetto a quelle di tipo primario e hanno bisogno di più elementi esterni oppure di pensieri eterogenei per essere attivate.

Le emozioni secondarie sono perlopiù frutto di imposizioni di tipo sociale e sono più articolate, complesse e affascinanti, perché hanno diverse sfumature.

Abbiamo visto che quelle primarie sono emozioni che nascono, si sviluppano e vanno a originarsi dal nostro DNA e sono probabilmente più facili da riconoscere, sono immediate e sono più istintuali e istintive.

Invece, le secondarie sono una combinazione e dunque qualcosa di più particolare da studiare.

Notiamo inoltre anche in questo caso come le emozioni secondarie abbiano una predominanza di negatività.

L'Allegria e l'Invidia

Questa volta però iniziamo con un'emozione di tipo positivo, l'*allegria*. Essa è un'emozione diversa dalla gioia, che ricordiamo aver definito come lo stato positivo di chi vede soddisfatti i propri desideri.

Siamo allegri quando proviamo un sentimento di piena e viva soddisfazione dell'animo. Capite come questa emozione sia più articolata e con più sfumature.

Al secondo posto non possiamo che mettere l'*invidia*.

Si tratta di uno stato emozionale molto forte che nasce da un processo comparativo con l'altro.

In questo stato emozionale, il soggetto sente un forte desiderio di avere ciò che l'altro possiede.

Il ragionamento alla base è: *"Lui ha questo, io no, dunque vorrei avere quello che lui ha"*.

A livello sociale l'invidia è piuttosto dominante, soprattutto nella società moderna, perché noi non abbiamo più soltanto desideri o bisogni di tipo primario.

Nella società moderna i bisogni sono cambiati molto.

Quando noi proviamo invidia abbiamo un senso di *mancanza* e *risentimento* nei confronti dell'altro, perché poi l'invidia si riflette in modo anche negativo o aggressivo.

Nella società contemporanea essa si manifesta in modo più *passivo aggressivo*, cioè trattenendo la propria frustrazione per poi farla esplodere con piccole cariche di dinamite, le famose *frecciatine*.

> Una sorta di alfabetizzazione emozionale è secondo me necessaria per progredire nella crescita personale e a livello di crescita in termini sociali. Avere un know-how emozionale è un qualcosa che manca a molti, ma è una soft skill assolutamente importante e richiesta. Me ne sono accorto durante le mie sessioni di coaching: quando chiedo l'emozione provata in un determinato momento c'è sempre molta confusione.

La Vergogna

Al terzo posto mettiamo la *vergogna*.

Questa è palesemente la reazione emotiva *più sociale* di tutte, perché è la reazione che si prova in conseguenza alla trasgressione di una *regola*.

In società vengono imposte alcune regole, come ad esempio il divieto dell'incesto. La vergogna si prova proprio in riflesso di una trasgressione ad una di queste regole imposte.

C'è tutta una serie di imposizioni di base che, se infrante, suscitano un senso di vergogna. In questo anche la religione ha giocato e gioca un ruolo fondamentale.

Basti pensare al *Peccato Originale*, che genera un profondo senso di vergogna in Adamo ed Eva. Per cui tutta la nostra cultura, parlo dell'Italia nella fattispecie, di tipo cattolico è imperniata su un *senso di vergogna e di pudicizia*.

La vergogna è un'emozione molto complessa, che non si può isolare, ma che va analizzata sempre e comunque da un punto di vista di contesto sociale.

L'Ansia

Abbiamo già accennato all'emozione dell'*ansia* come *prefigurazione di un pericolo, futuro e distante*.

Noi proviamo la nostalgia (che ci riporta al passato) e l'ansia (che ci proietta verso il futuro).

Quest'ultima deriva dalla paura non di un pericolo concreto, bensì di un pericolo ipotetico, normalmente dettata da un'esperienza passata.

Ad esempio, se qualcuno da giovane ha avuto un brutto incidente sugli sci, da adulto avrà l'ansia di andare a sciare.

Anche se poi non avviene niente, il nostro cervello si attiva con una *funzione di protezione e tutela* della nostra incolumità.

> L'ansia serve proprio a tutelare il nostro corpo e la nostra vita da problemi e complessità che non si sono ancora verificate.

Purtroppo, c'è il rischio che diventi un *loop*, un circolo, un gatto che si morde la coda e potrebbe diventare bloccante.

L'unico modo per affrontare l'ansia è quello di *buttarsi nel pericolo* per capire in modo subconscio e sub comunicativo che *non c'è realmente pericolo*.

Gradualmente, un avvicinamento al problema e una presa di coscienza sempre più globale, può portare allo scioglimento dell'ansia. Tuttavia, non sono d'accordo sul risolvimento in tempi brevi, perché è un qualcosa da fare quando ci si sente pronti e con l'aiuto di un professionista.

Ad esempio, le persone hanno ansia degli esami perché probabilmente quando erano bambini l'interrogazione era vista sotto forma di severità e suscitava vergogna nel caso di esito negativo. Dunque, oggi l'*ansia da esame* scaturisce da una paura relativa a qualcosa che è accaduto in passato e che ci ha formato, perché noi quando siamo bambini siamo come delle 'spugnette' che assorbono e vivono in modo più *esagerato* le emozioni.

> Da bambini tutto ci sembra più grande anche a livello materialistico oltre che emotivo.

C'è dunque il rischio che assorbendo determinate ansie e paure da

persona e di quello che ha fatto.

Ci focalizziamo prima su quello che ha fatto e poi sulla persona in sé.

Questo è il motivo per cui quando finisce una storia e magari veniamo lasciati, e dunque veniamo offesi, andiamo ad identificare quella persona con quel gesto estremamente negativo senza pensare agli anni felici pensati insieme.

Dunque, il senso d'offesa è così potente da poter offuscare molte cose positive.

Le emozioni negative, infatti, hanno un peso specifico dieci volte superiore a quelle positive. Per cui noi spesso andiamo a dare molto più peso agli eventi e alle emozioni negative rispetto a quelli positive.

Questo possiamo anche usarlo in comunicazione, sapendo che con un'emozione negativa avremo delle reazioni molto più potenti che con una positiva.

La Nostalgia

L'emozione secondaria numero dieci è uno stato di malessere causato da un acuto desiderio di un luogo lontano, di una cosa o di una persona assente o perduta, oppure di una situazione finita che si vorrebbe rivivere: la *nostalgia*.

Rappresenta una sorta di tristezza legata ad un evento, un luogo o una situazione passati che abbiamo forte desiderio di rivivere.

Si dice che si può anche *morire* di nostalgia: esistono anche altre specie animali, come i canarini, nelle quali quando muore il partner, l'altro si lascia morire.

Il Rimorso

L'undicesima emozione secondaria è il *rimorso*.

Uno stato di turbamento o di *pena psicologica* sperimentato da chi ritiene di aver tenuto comportamenti o azioni contrari al proprio codice morale.

Quando noi parliamo di morale, parliamo di società. Si prova rimorso per aver fatto qualcosa che non si avrebbe dovuto fare, qualcosa che con il passare del tempo si è rivelato non utile, o comunque ha generato un danno alla nostra persona o agli altri.

piccoli, poi esse creino dei disagi anche in età adulta. Ci si deve dunque rendere conto che l'ansia è derivante da un *trigger* passato e che è una proiezione immaginifica di un futuro che normalmente non si verifica.

La Rassegnazione

Al quinto posto c'è l'emozione secondaria della *rassegnazione*.

Essa è la *disposizione d'animo di chi accetta con pazienza un dolore o una sfortuna*.

Noi ci sentiamo rassegnati quando non abbiamo più speranze, quando ci accorgiamo che non siamo in grado di intervenire, quando le cartucce sono terminate e siamo in balia di altri eventi.

> Ci rassegniamo a qualcosa sulla quale non possiamo più intervenire.

Questa emozione è molto importante, in quanto ci fa capire che *non possiamo avere controllo su tutto*. Uno dei mali della società moderna è la smania del controllo, quando spesso e volentieri non possiamo avere il controllo su tutto e non lo potremmo mai avere e dunque ci rassegniamo.

La Gelosia

Abbiamo un altro stato emotivo legato al possesso: la *gelosia*. Uno stato emotivo che deriva dalla paura di *perdere qualcosa che già ci appartiene*.

Questa emozione, più che relativa agli oggetti, è derivante dalla paura di perdere una persona che è a noi cara.

Questa è un'emozione a cui dobbiamo fare molta attenzione, perché soprattutto nelle relazioni romantiche deriva da una radice estremamente pericolosa: il possesso.

Esso è qualcosa che normalmente abbiamo in mente a livello di oggetti: io possiedo un computer e sono geloso del mio computer, per cui se me lo toccano o portano via provo un senso di rabbia perché ne sono stato privato.

Caso ben diverso con le persone: le persone non si possiedono.

È pericoloso pensare che una persona sia di nostro possesso o che noi siamo in possesso di altre persone. Dunque, questo stato emotivo che deriva dalla paura di perdere qualcosa o qualcuno è pericoloso, perché poi la gelosia genera rabbia e la situazione potrebbe degenerare.

Non dovremmo mai tenere in considerazione la possibilità di possedere una persona.

Le persone decidono di stare insieme, nessuno è un oggetto e nessuno è in possesso dell'altro. Dev'esserci una sorta di *interscambio emozionale* piacevole e di crescita.

Se interviene la gelosia, per qualsiasi motivo esso accada, dev'essere un enorme campanello d'allarme che vi deve far chiedere perché siete gelosi e perché avete questa tendenza al possesso (che non va bene).

La Speranza

Al punto sette abbiamo la *speranza*. Un'emozione che va di pari passo con la rassegnazione ed è quella tendenza che abbiamo di ritenere che *alcuni eventi o fenomeni siano gestibili e controllabili*, dunque indirizzabili verso esiti migliori.

La speranza è una sensazione molto potente che però nel concreto non andrà mai ad autorealizzarsi. Può essere però un ottimo input per iniziare una serie di azioni indirizzate al raggiungimento di determinati obiettivi.

La speranza è un'emozione di origine acquisita ed è un qualcosa che può dare il *La* a determinate azioni e dunque convincerci a svolgerle per raggiungere il nostro obiettivo.

Il Perdono

All'ottavo punto troviamo un'altra emozione secondaria, il *perdono*.

Esso è la sostituzione delle emozioni negative che seguono un'offesa percepita.

Si manifesta quando proviamo rabbia e paura ma le sostituiamo con emozioni positive, come l'empatia e la compassione. Il perdono è fondamentalmente la base della religione cattolico-cristiana.

Tutti possono sbagliare, magari noi proviamo rabbia in un primo momento, ma poi decidiamo *razionalmente* di sostituire quelle emozioni negative che feriscono noi e l'altra persona con emozioni positive.

Non è sempre possibile perdonare, però di base abbiamo una sostituzione di un'emozione negativa con una positiva. È un processo molto interessante, appreso, razionale e logico di scelta.

L'Offesa

Al punto nove abbiamo quello che è un *danno morale* che si arreca ad un'altra persona, vale a dire l'*offesa*.

Quando ci sentiamo offesi, ciò avviene perché sentiamo che qualcosa tocca i nostri "nervi scoperti". Dunque, qualcuno va ad intaccare i nostri valori di tipo morale e noi proviamo risentimento nei confronti di quella

La Nostalgia

L'emozione secondaria numero dieci è uno stato di malessere causato da un acuto desiderio di un luogo lontano, di una cosa o di una persona assente o perduta, oppure di una situazione finita che si vorrebbe rivivere: la *nostalgia*.

Rappresenta una sorta di tristezza legata ad un evento, un luogo o una situazione passati che abbiamo forte desiderio di rivivere.

Si dice che si può anche *morire* di nostalgia: esistono anche altre specie animali, come i canarini, nelle quali quando muore il partner, l'altro si lascia morire.

Il Rimorso

L'undicesima emozione secondaria è il *rimorso*.

Uno stato di turbamento o di *pena psicologica* sperimentato da chi ritiene di aver tenuto comportamenti o azioni contrari al proprio codice morale.

Quando noi parliamo di morale, parliamo di società. Si prova rimorso per aver fatto qualcosa che non si avrebbe dovuto fare, qualcosa che con il passare del tempo si è rivelato non utile, o comunque ha generato un danno alla nostra persona o agli altri.

persona e di quello che ha fatto.

> Ci focalizziamo prima su quello che ha fatto e poi sulla persona
> in sé.

Questo è il motivo per cui quando finisce una storia e magari veniamo lasciati, e dunque veniamo offesi, andiamo ad identificare quella persona con quel gesto estremamente negativo senza pensare agli anni felici pensati insieme.

Dunque, il senso d'offesa è così potente da poter offuscare molte cose positive.

> Le emozioni negative, infatti, hanno un peso specifico dieci
> volte superiore a quelle positive. Per cui noi spesso andiamo
> a dare molto più peso agli eventi e alle emozioni negative
> rispetto a quelli positive.

Questo possiamo anche usarlo in comunicazione, sapendo che con un'emozione negativa avremo delle reazioni molto più potenti che con una positiva.

La Nostalgia

L'emozione secondaria numero dieci è uno stato di malessere causato da un acuto desiderio di un luogo lontano, di una cosa o di una persona assente o perduta, oppure di una situazione finita che si vorrebbe rivivere: la *nostalgia*.

Rappresenta una sorta di tristezza legata ad un evento, un luogo o una situazione passati che abbiamo forte desiderio di rivivere.

Si dice che si può anche *morire* di nostalgia: esistono anche altre specie animali, come i canarini, nelle quali quando muore il partner, l'altro si lascia morire.

Il Rimorso

L'undicesima emozione secondaria è il *rimorso*.

Uno stato di turbamento o di *pena psicologica* sperimentato da chi ritiene di aver tenuto comportamenti o azioni contrari al proprio codice morale.

Quando noi parliamo di morale, parliamo di società. Si prova rimorso per aver fatto qualcosa che non si avrebbe dovuto fare, qualcosa che con il passare del tempo si è rivelato non utile, o comunque ha generato un danno alla nostra persona o agli altri.

persona e di quello che ha fatto.

> Ci focalizziamo prima su quello che ha fatto e poi sulla persona
> in sé.

Questo è il motivo per cui quando finisce una storia e magari veniamo lasciati, e dunque veniamo offesi, andiamo ad identificare quella persona con quel gesto estremamente negativo senza pensare agli anni felici pensati insieme.

Dunque, il senso d'offesa è così potente da poter offuscare molte cose positive.

> Le emozioni negative, infatti, hanno un peso specifico dieci
> volte superiore a quelle positive. Per cui noi spesso andiamo
> a dare molto più peso agli eventi e alle emozioni negative
> rispetto a quelli positive.

Questo possiamo anche usarlo in comunicazione, sapendo che con un'emozione negativa avremo delle reazioni molto più potenti che con una positiva.

Il rimorso può essere lieve o acuto, come tutte queste emozioni.

La Delusione

Come ultima emozione secondaria abbiamo la *delusione*.

Uno stato d'animo che deriva dalla tristezza e provocato dalla constatazione che le *aspettative* e le *speranze* che sono state coltivate non hanno riscontro nella realtà.

Nel momento in cui noi generiamo tramite la speranza un'aspettativa che non viene però soddisfatta, noi proviamo un senso di delusione.

> Capiamo dunque come queste emozioni secondarie siano delle emozioni molto più complesse che hanno bisogno di molti più elementi esterni e pensieri eterogenei per essere attivate. Riconoscendo queste emozioni in noi stessi e negli altri, siamo in grado di avere una marcia in più e di connetterci in maniera più autentica e profonda con l'altro.

Quando ci si occupa di comunicazione, conoscere questi processi è fondamentale per poter comunicare le proprie emozioni o per suscitarne nel proprio interlocutore.

Sono sicuro che molti di voi conoscevano queste emozioni, ma pochi di voi sono andati nel dettaglio e ancora meno si sono messi a ragionare su cosa si prova sulla base di determinati input.

Dare un nome alle cose le fa esistere.

Se riusciamo a capire che quello è rimorso piuttosto che delusione, o nostalgia piuttosto che gelosia, siamo in un livello differente rispetto alla maggior parte delle persone, che sono *analfabete emozionali*. Conoscere le emozioni ci garantisce una maggiore qualità della nostra vita e del rapporto con gli altri e, di conseguenza, una crescita personale verso una migliore versione di noi stessi.

6

Dove sentiamo le nostre emozioni?

In questa sezione proveremo a interpretare quella che è una *mappa delle emozioni* che ci dice in quali parti del corpo si verificano a livello fisico alcune emozioni, tra cui la rabbia, la paura, il disgusto, la felicità, l'ansia, la depressione, la preoccupazione e l'orgoglio.

C'è uno studio ancora in fase di realizzazione di alcuni scienziati finlandesi, che hanno localizzato che cosa noi sentiamo nel nostro organismo in base alle diverse emozioni.

Sono stati analizzati più di 700 candidati e il risultato è quella che in inglese si chiama *heat map*, una mappa di calore.

Essa corrisponde al disegno del corpo umano e nelle zone in cui si realizza una determinata emozione ne indica l'intensità con una macchia di un colore caldo. Il colore rosso indica un accumulo di molta energia, il colore giallo un po' meno e la mancanza di colori caldi indica invece l'assenza di energia, contraddistinta dalla presenza di colori freddi, dal blu al nero.

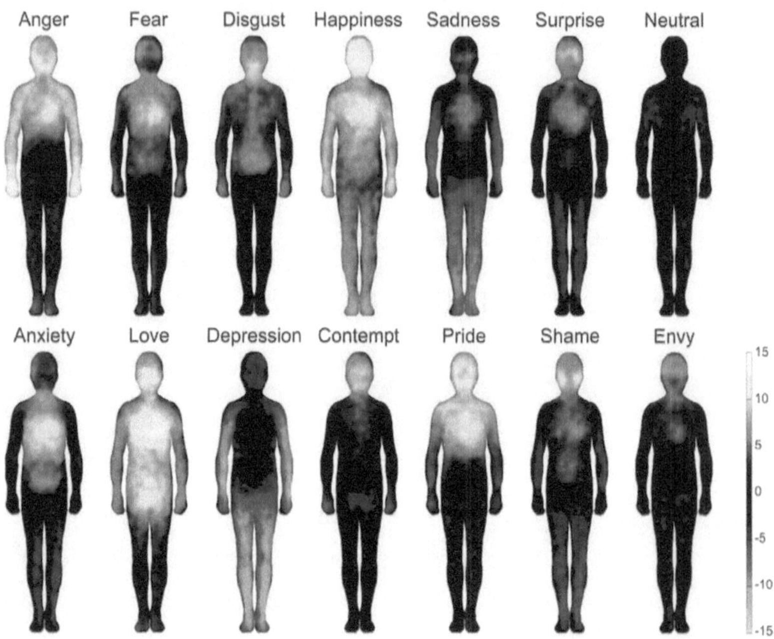

Andiamo a verificare se queste intuizioni siano corrispondenti alla vita reale.

Questa è una lezione che vi permetterà di conoscervi meglio e di andare ad affrontare le reazioni con più consapevolezza, rendendovi conto di quello che sta accadendo nel vostro corpo come reazione ad uno stimolo esterno.

Vediamo nel dettaglio che cosa scatenano determinate emozioni nel nostro corpo e dove, fisicamente, si verificano.

Iniziamo da un'emozione molto forte che concentra tutta l'energia nella parte alta del corpo, la **rabbia**.

> Quando noi siamo arrabbiati abbiamo nella parte superiore del corpo una bomba ad orologeria pronta a esplodere.

La parte inferiore del corpo resta invece neutrale, a eccezione di una piccola reazione dei piedi. In particolare, risultano ricche di energia le mani e questo può andare a spiegare il motivo per cui quando noi perdiamo le staffe abbiamo l'istinto di sfogare quest'energia magari battendo i pugni sul tavolo.

Passiamo dunque alla sensazione che tutti abbiamo provato almeno una volta nella vita: la **paura**.

La paura ha una *forza paralizzante* e ci rende incapaci di reagire.

La cosa che possiamo identificare come reazione alla paura è l'inattività delle gambe e delle braccia. L'energia è determinata sostanzialmente dall'adrenalina e si concentra soprattutto nella parte superiore del corpo, dunque testa, petto e soprattutto a livello del cuore.

Infatti, quando abbiamo paura il battito cardiaco accelera in modo vertiginoso e sembra quasi che il cuore ci salti fuori dal petto.

La paura è una sensazione di origine animale, che ci ha salvato da tantissime situazioni, basti pensare all'uomo primitivo che *doveva avere paura* per scappare dagli animali pericolosi.

Quindi è un qualcosa d'innato e comune a tutti quanti.

L'energia della paura ci paralizza, siamo incapaci di agire e a essa può seguire una controreazione, come la fuga ad esempio.

Il **disgusto** è un altro sentimento che abbiamo provato tutti e che si vede chiaramente per un grande concentrazione di energia a livello della gola e degli organi addominali.

È la classica sensazione di quando assaggiamo qualcosa che non ci piace o ci troviamo in una situazione che non ci aggrada.

Abbiamo poi la più bella delle emozioni, la **felicità**. Questa è forse l'emozione più potente perché riesce ad accendere e illuminare ogni parte del corpo.

Quando siamo felici, infatti, sprizziamo gioia ed energia da tutti i pori, è una sensazione totalizzante e una gioia incontenibile che coinvolge qualsiasi nostra cellula.

Dal lato opposto troviamo la sensazione di **tristezza**, la quale fa *spegnere* il corpo da qualsiasi energia vitale, ma a differenza della depressione è passeggera e abbiamo sempre un "lumicino" che ci fa pensare che le cose miglioreranno.

Questo grazie a quella che è la *resilienza*, ossia la capacità di adattarsi a nuove situazioni sconfiggendo stati di tristezza determinati da condizioni esogene o endogene.

> La cosa importante è rendersi conto di come la tristezza tolga energie al nostro corpo, ma mantenga un lumicino di speranza e di energie che ci fa pensare che ce la faremo.

C'è poi l'emozione di **sorpresa**. La sorpresa è un qualcosa che ci coglie in modo inaspettato e che ci risveglia dal torpore della routine.

Quando qualcuno ci fa una sorpresa passiamo da uno stato tranquillo ad uno di eccitazione.

Questa emozione si verifica a livello del cuore e della mente, per cui quando ci sentiamo sorpresi di fronte a un'azione o a un fatto, noi andiamo a esplicare la nostra energia a livello del torace e della testa.

> Questo contrappasso da una situazione statica a una dinamica ci regala il classico senso di sorpresa, un'iniezione di adrenalina.

Quando invece siamo apatici, e dunque proviamo un'emozione di neutralità, non proviamo alcuna emozione in particolare.

L'apatia è infatti la mancanza di reazione agli stimoli e il nostro corpo esprime questa sensazione in maniera molto chiara, infatti all'interno dello studio la situazione neutrale è contraddistinta dal colore blu e dal nero, soprattutto a livello dei polmoni e degli arti.

> Non ci sono picchi energetici, non abbiamo nessun tipo di svolta emozionale, ma siamo passivi a quello che accade all'esterno e all'interno del nostro corpo.

Una sensazione di origine anch'essa animale è l'**ansia**, cioè l'anticipazione mentale di qualcosa che potrebbe avvenire ma che normalmente non avviene.

Normalmente, questa sensazione si verifica nella zona toracica, quasi a voler identificare qualcosa che ci opprime il petto.

Avrete sicuramente avuto esperienza di questa sensazione di oppressione del petto e del cuore. Essa lascia impotenti e incapaci di agire. C'è chi la somatizza a livello della gola, mentre in questo stato gli arti rimangono inattivi.

Parliamo dunque dell'**amore**, il sentimento più intenso e nobile che provoca una tempesta esplosiva di emozioni a livello della parte alta del corpo, fino al bacino e agli organi sessuali, perché noi siamo animali e questa sensazione è riconducibile al nostro obiettivo di riprodurci.

Anche l'addome è pervaso da un turbinio, assieme a testa, torace e arti, e questo spiegherebbe il famoso di vuoto allo stomaco con le famose "farfalle".

La cosa interessante di questo aspetto dell'amore, che appunto coinvolge tutto il corpo, è che la parte delle gambe rimane neutra.

Da qui si evince la sensazione di camminare sospesi.

> Ricordate che ascoltare il nostro corpo è la via migliore per conoscerci meglio perché il corpo non mente mai.

Passiamo a una delle peggiori sensazioni che una persona possa provare, ossia la **depressione**, che va ad annientare completamente ogni scintilla vitale, siamo completamente spenti e il corpo appare neutrale a ogni stimolo.

C'è un senso di apatia e d'impossibilità di reagire agli agenti esterni. Il corpo non reagisce allo stimolo ed è anche freddo e immobilizzato, in una sorta d'ibernazione mentale dalla quale risulta molto difficile uscire.

Questo è il motivo per cui chi soffre di depressione difficilmente riesce a uscire da questa *stasi* da solo, ma ha bisogno di un aiuto esterno. Questa mancanza di reattività agli stimoli la differenzia dalla tristezza, che invece come detto mantiene un lumicino acceso.

Il **disprezzo** è una emozione che per alcuni si esplica nella testa mentre tutto il resto del corpo risulta neutro. In particolare, a dimostrare la nostra natura animale, l'apparato sensuale dimostra una maggiore freddezza.

Quando invece si prova **orgoglio** il nostro petto si gonfia, da cui "gonfio d'orgoglio", ed è una sensazione molto bella che si esplica nella parte superiore del corpo, in particolare nella testa e nella cassa toracica.

Abbiamo dunque la **vergogna**, che è molto semplice da riconoscere perché concentra una grande energia a livello del volto e in particolare delle guance, che spiega appunto perché arrossiamo.

Quando noi ci vergogniamo, abbiamo le guance rosse ma tutto il resto del corpo è freddo. Per cui tutta l'energia si va ad accumulare in un'unica porzione del corpo ed è infatti una sensazione molto intensa.

Per concludere parliamo dell'**invidia**, un sentimento che ci infuoca a livello del volto e del cuore, quasi a dimostrare come sia un'emozione che parte quasi totalmente dalla nostra mente.

Infatti, a livello animale l'invidia non esiste, è un'emozione sociale che si realizza nella mente e nel cuore.

Abbiamo visto questo lungo elenco di emozioni e dove, nel nostro corpo, si vanno a verificare.

Vi invito a utilizzare questi consigli per fare un'autoanalisi e cercare di ascoltarvi, in modo da comunicare meglio con gli altri ma anche con voi stessi.

Ascoltare quello che stiamo provando in un preciso momento è sicuramente motivo di crescita e un modo per stare meglio con se stessi e con gli altri.

7

Verso l'auto-realizzazione

Può essere interessante andare ad affrontare quella che è l'analisi dei nostri *bisogni*, perché abbiamo visto le emozioni primarie e secondarie, ma in una visione più olistica, completa e complessa è utile cercare di capire *a cosa punti realmente l'essere umano*.

Uno studioso di nome Maslow ha creato una *piramide dei bisogni* con alla base quelli primari e verso la punta dei bisogni sempre più secondari.

La piramide dei bisogni di Maslow (1954)

Lo scopo di questa piramide è spiegare come noi abbiamo alcuni bisogni imprescindibili, ma attraverso un processo continuo verso l'auto-realizzazione ne andiamo a soddisfare anche molti altri.

È importante conoscere i bisogni per capire il contesto all'interno del quale ci stiamo muovendo e in cui un uomo vive: *quali sono le spinte e le pulsioni?*

Alla base della Piramide di Maslow possiamo andare ad indicare quelli che sono bisogni volti alla *sopravvivenza*, che è la prima cosa che ci spinge ad agire influenzando il nostro comportamento.

Una volta che la sopravvivenza è assicurata, possiamo passare al gradino superiore della Piramide di Maslow, e così via fino alla vetta.

Nel gradino più alto troviamo l'*auto-realizzazione*, per cui la pienezza di una vita completa e soddisfacente.

Nella Piramide di Maslow abbiamo cinque livelli. Nel gradino più basso c'è la fisiologia, i bisogni di tipo primario, cioè tutte quelle necessità che servono a garantire la sopravvivenza (ossigeno, cibo, acqua, sonno...) che sono spesso riassunte nel termine "omeostasi", ovvero la tendenza naturale al raggiungimento di una relativa stabilità fisiologica.

Il secondo livello è costituito dai bisogni che se soddisfatti garantiscono la nostra sicurezza (salute, benessere, protezione della famiglia, sicurezza finanziaria...). In una società contemporanea "tipo" possiamo mettere in questo scalino la sicurezza fisica, di occupazione, morale, familiare, di salute e di proprietà.

Notiamo che a mano a mano che si scala la piramide i bisogni diventano sempre più *sociali* e meno *fisiologici*.

Nel terzo scalino troviamo i bisogni di appartenenza (amicizia, affetto familiare, intimità sessuale) ed è un livello che include le relazioni amorose, i gruppi sociali, la Chiesa, le organizzazioni religiose e così via.

Sentirsi appartenenti ad un gruppo è molto importante per noi esseri umani. Per evitare problemi quali la solitudine, l'ansia e la depressione è importante sentirsi amati, apprezzati e accettati.

Al quarto scalino abbiamo i bisogni di *stima*, cioè la ricerca di garanzia di ciò che siamo e di ciò che valiamo all'interno del tessuto sociale.

Per cui troviamo il bisogno di rispetto reciproco, di realizzazione personale, di autocontrollo, di autostima.

La stima deriva dal bisogno di sentirsi apprezzati e rispettati.

Dobbiamo dare un senso al nostro valore e questo senso è dettato anche da ciò che gli altri pensano di noi.

Si può dire che il terzo e il quarto livello della Piramide di Maslow rappresentino i *bisogni psicologici* che se soddisfatti garantiscono il benessere personale.

Infine, nella punta della Piramide troviamo l'*auto-realizzazione* (moralità, creatività, spontaneità, problem solving, accettazione, assenza di pregiudizi).

Questo è uno stato di benessere in cui l'essere umano va a realizzarsi in tutto il suo splendore.

Maslow diceva che questo livello di auto-realizzazione *è quello che un uomo può essere e deve essere,* per cui la massima realizzazione umana.

> Nelle parole di Maslow: "L'auto-realizzazione potrebbe essere descritta come il completo uso o sfruttamento dei propri talenti, delle capacità e potenzialità. Persone in grado di autorealizzarsi sembrano essere soddisfatte, in quanto stanno dando il meglio di quello che sono capaci di fare. Sono individui che hanno sviluppato o stanno sviluppando al massimo il loro potenziale."

Per cui, nel momento in cui noi viviamo una vita piena, abbiamo un lavoro e una famiglia soddisfacenti, riusciamo ad esprimere la nostra creatività e ci viene facile soddisfare i nostri impulsi anche psicologici, arriviamo all'auto-realizzazione. Ciò può richiedere tutta una vita.

Vi ho parlato di questa Piramide di Maslow per farvi capire che noi, anche se non ce ne accorgiamo, rispondiamo quotidianamente ad alcune esigenze innate, archetipiche e comuni a tutti.

La mancanza del raggiungimento di questi obiettivi ed il mancato soddisfacimento di questi bisogni può generare delle emozioni.

Ad esempio, se non ci autorealizziamo saremo tristi, se seguiamo male alcuni step potremmo provare nostalgia, rabbia o confusione.

Dunque, le emozioni sono il diretto risultato della nostra soddisfazione o insoddisfazione di bisogni primari. Se al livello di appartenenza non ci sentiamo apprezzati e non apparteniamo a nulla, proveremo un senso di tristezza, se invece perdiamo questa appartenenza proveremo nostalgia.

8

Conclusioni

È dunque importante essere in grado di capire l'importanza di seguire uno *schema* nella propria vita, di capire se si stanno soddisfacendo dei bisogni e le emozioni che ne derivano, come anche le emozioni negative che derivano dall'insoddisfazione dei bisogni elencati nella Piramide.

Dunque, partendo dal basso, da quelli più fisiologici fino a quelli più psicologici di auto-realizzazione.

Quelli fisiologici, e quindi respiro, alimentazione, sesso, sonno, detti anche nel complesso *omeostasi*; quelli di sicurezza, dunque sicurezza fisica, di occupazione, sicurezza economica, morale, familiare, di salute, di proprietà.

Nei due livelli successivi troviamo i bisogni psicologici: quelli di appartenenza, sentirsi apprezzati all'interno di un contesto sociale in cui condividiamo alcuni valori e al quale apparteniamo; quelli di stima e dunque l'autocontrollo, l'auto-realizzazione, il rispetto, l'autostima. Nella parte finale troviamo l'auto-realizzazione che è quello a cui l'uomo dovrebbe aspirare.

Questo è un argomento difficile e complesso, che richiede spesso anche molto tempo per essere interiorizzato. Però posso garantirvi che nel momento in cui voi conoscete lo schema sul quale noi ci muoviamo, riuscirete a prendere la strada giusta senza andare a caso.

Non si può vivere la propria vita bendati, bisogna riconoscere in un approfondito sistema di autoanalisi quello che è il percorso designato, ossia i propri bisogni e le proprie emozioni.

> Nel momento in cui li conosciamo e li riconosciamo può avvenire una crescita esponenziale di quello che è il nostro valore e il nostro potere di controllo sulla nostra vita.

Io sono Emanuele, sono un insegnante di comunicazione emozionale, storytelling e creatività. Sono stato molto contento di realizzare questo libro per voi e spero che possa aiutarvi a crescere a livello personale, a riconoscere meglio le emozioni in voi stessi e negli altri e a capire che alla base dell'evoluzione personale c'è uno schema comune a tutti, che ci deve fare da specchietto per comprendere in che fase della nostra vita ci troviamo.

Nota: a parte quelli fisiologici, i bisogni non devono essere necessariamente seguiti in quest'ordine. Può esserci chi dà più valore all'appartenenza piuttosto che alla stima, oppure chi non è interessato ai bisogni psicologici e si focalizza solo su quelli primari fisiologici e di sicurezza.

Per esprimere al massimo il vostro potenziale tenete conto che questo schema può essere molto utile per chiedervi: *"Io sto soddisfacendo i miei bisogni? Le mie emozioni mi stanno suggerendo forse che in qualche misura non si sono realizzati?".*

Solo conoscendo questa teoria sarete in grado di identificarli e intervenire. Nella vita si devono identificare le criticità per poi agire di conseguenza, altrimenti non si arriva da nessuna parte.

Approfondimenti e Risorse

Percorsi di Formazione e Coaching

Se sei interessato a iniziare un **percorso di formazione** con me visita https://www.emozionare.net. Potrai prenotare una consulenza telefonica gratuita e senza impegno.

Alcune Recensioni dei Miei Percorsi Formativi

★★★★★ Un grande professionista! Esigente, educato, sensibile e orientato al 100% al raggiungimento degli obiettivi. Da studente posso dire di aver trovato in Emanuele un mentore che mi sta accompagnando in una fase delicata della mia vita. I risultati del percorso nel mio caso sono stati visibili sin dalle prime lezioni … i miei colleghi sono stati i primi ad accorgersene .. vi lascio immaginare la mia soddisfazione!

Soldi ben spesi, il suo lavoro vale almeno il doppio di quello che chiede!

Alberto M.

★★★★★ Consigliatissimo! Il percorso con Emanuele mi ha permesso di crescere ad una velocità che non avrei mai creduto possibile. E' un ottimo formatore, attento e preciso. Esige molto dai suoi studenti e proprio per questo riesce sempre a portarti al raggiungimento degli OBIETTIVI. Non lavora con tutti: prima ha bisogno di conoscerti attraverso una telefonata conoscitiva (con me ne ha fatte due per essere sicuro di poter risolvere il mio problema di comunicazione). La sola call conoscitiva è valsa il costo di 3 lezioni per i consigli che mi ha dato.

Che dire, tanto lavoro, tanti risultati!

Grazie Emanuele!

Enrico C.

★★★★★ Emanuele è un insegnante serio e preparatissimo, sempre disponibile ad aiutare e a condividere tanto le sue competenze quanto la sua esperienza. Altamente consigliato!

Francesca A.

★★★★★ Ho apprezzato molto il metodo di comunicazione di Emanuele durante le sue lezioni. Il plus è che riesce sempre a metterti a tuo agio trasmettendoti concetti e nozioni in modo semplice senza appesantire la lezione. Sicuramente consigliato

Lorenzo B.

★★★★★ Emanuele non è un Superprof. È molto di più: un Iperprof, un Gigaprof. È un padre, quando sei smarrito e non hai idea di che pesci prendere. È un fratello, quando hai bisogno di qualcuno che ti guidi verso una destinazione che ancora non riesci a vedere. È un amico, quando hai semplicemente bisogno che qualcuno creda in te.

Se questi motivi non vi bastano...

Ivan P.

★★★★★ Emanuele è davvero un Superprof! Lo consiglio a tutti coloro che desiderano mettersi in gioco e vogliono esprimere il loro reale potenziale. Oltre ad essere competente e professionale ha questa dote che è molto difficile da trovare altrove. E' empatico e allo stesso tempo determinato nel farti dare il massimo. Non ama perdere tempo e tiene moltissimo alla qualità del suo lavoro. Che dire, un bravissimo maestro che mi sento di consigliare proprio a tutti! Ciao Ema!

Lucia G.

★★★★★ Consiglio fortemente di lavorare con lui. Le lezioni di Emanuele sono diverse da tutte le altre perché sono disegnate e personalizzate specificatamente per risolvere il tuo problema. E' un grande professionista come ce ne sono pochi in giro. Sin dal primo incontro ho notato la differenza rispetto agli altri formatori: si vede proprio ad occhio nudo che è uno del mestiere. Insieme abbiamo raggiunto i miei obiettivi di crescita.

Mi affiderei di nuovo a lui?

1.000.000 di volte SI'!

Antonio M.

★★★★★ Lo consiglio a tutti! Esperienza che rifarei 1.000 volte! Lavorare con Emanuele è stimolante e dà moltissima soddisfazione! Abbiamo fissato gli obiettivi del nostro

percorso e li abbiamo raggiunti nei tempi stabiliti … che dire:
GRAZIE EMANUELE!

Fabio S.

★★★★★ "Ho contattato Emanuele via web. Ero scettico ma
mi sono accorto sin dalla prima chiamata gratuita di trovarmi
di fronte a un professionista navigato della comunicazione.
Mi sta seguendo da sei mesi e il mio rapporto con gli altri è
migliorato sensibilmente"

Francesco M.

★★★★★ "La cosa che mi ha più stupito del percorso di coaching
con Emanuele è stato vedere risultati concreti sin dalle prime
sessioni. Gli esercizi che mi assegna ogni settimana sono
disegnati apposta per risolvere il mio problema. Grazie!"

Patrick S.

★★★★★ "Quando comunicavo mi bloccavo. Letteralmente. Grazie a Emanuele ora mi sento più sicuro e motivato quando mi trovo con altre persone. Abbiamo elaborato insieme la migliore strategia per 'uscire dal guscio' e ora mi sento libero di esprimere il mio potenziale!"

Lucia G.

Risorse

I miei Libri

Trovi l'elenco di tutti i miei **libri** su Amazon cercando la parola chiave *'Emanuele M. Barboni Dalla Costa'* o cliccando su questo link.

Video Corsi

Scopri i miei **video corsi** di comunicazione e scrittura creativa e acquistali ad un prezzo speciale https://www.udemy.com/user/emanuelebarboni/.

Audio Corsi

Puoi scaricare le mie **audio lezioni** su https://aurora.emozionare.net/

Podcast Gratuito

Pubblico settimanalmente le mie **lezioni di comunicazione** e **creativ-ità** su https://anchor.fm/podcastemozionale

Bonus

Segui questi semplici passi per ottenere **gratuitamente** l'accesso all'**audio-corso** tratto da questo libro (valore 49€):

1. **Lascia una recensione su Amazon**
2. **Inviami un'email** all'indirizzo *milanoworkshops@gmail.com* con oggetto "bonus"